KB200366

마이클 리브스의
칭의를 누리다

마이클 리브스의
칭의를 누리다

지은이 | 마이클 리브스
옮긴이 | 황재찬
초판 발행 | 2023. 1. 26
등록번호 | 제1988-000080호
등록된 곳 | 서울시 용산구 서빙고로65길 38
발행처 | 사단법인 두란노서원
영업부 | 2078-3333 FAX | 080-749-3705
출판부 | 2078-3332

책값은 뒤표지에 있습니다.
ISBN 978-89-531-4381-4 03230

독자의 의견을 기다립니다.
tpress@duranno.com www.duranno.com

두란노서원은 바울 사도가 3차 전도 여행 때 에베소에서 성령 받은 제자들을 따로 세워 하나
님의 말씀으로 양육하던 장소입니다. 사도행전 19장 8-20절의 정신에 따라 첫째 목회자를
돕는 사역과 평신도를 훈련시키는 사역, 둘째 세계선교™와 문서선교 단행본·잡지 사역, 셋째 예
수문화 및 경배와 찬양 사역, 그리고 가정·상담 사역 등을 감당하고 있습니다. 1980년 12월
22일에 창립된 두란노서원은 주님 오실 때까지 이 사역들을 계속할 것입니다.

RIGHT
with GOD

마이클 리브스의
칭의를 누리다

마이클 리브스 지음　황재찬 옮김

두란노

이 책을 향한 찬사들

현대인이 삶에서 느끼는 스트레스와 불안감의 기저에는 "나는 충분히 선한가?", "나는 충분히 행했는가?" 하는 오래된 질문들이 잠재해 있다. 떠나지 않는 그 질문들에 어떤 이들은 시달리고, 어떤 이들은 휘둘리며, 심지어 많은 이들은 냉담함이나 절망 가운데 피폐해지기까지 한다. 저자는 신뢰할 만하고 읽기 쉬운 이 책에서 우리가 가진 문제의 근원과 함께, 우리 자신 편에서는 그 문제를 해결할 길이 없다는 사실을 들추어낸다. 그리고 더 나아가 담백하면서도 마음을 끄는 어투로, 기독교 복음이 우리에게 주는 해답이자 삶을 변화시키는 해답을 제시해 준다. 《마이클 리브스의 칭의를 누리다》라는 이 짧은 책에는 영원토록 길이 남을 그 진리가 담겨 있다.

싱클레어 퍼거슨(Sinclair B. Ferguson)
: 미시시피 주 잭슨 소재의 리폼드신학교 조직신학 교수

작은 열쇠 하나가 자유로 향하는 거대한 문을 열어 줄 수 있다. 매우 유능한 작가인 리브스 박사가 쓴 이 작은 책 안에 그런 열쇠가 있다. 그 열쇠는 바로 오직 예수 그리스도를 믿음으로써 얻는 값없는 선물로서, 경건하지 않은 자를 의롭다 하시는 하나님의 약속이다. 하나님께서 이 책을 많은 영혼이 자유함에 이르고 견고한 확신을 갖는 일에 사용하여 주시길 바란다. 읽기도 쉽고 강력히 추천할 만한 이 책을 여러 권 구입하라. 그리고 구원받지 못한 이들과, 구원을 얻었지만 확신의 문제로 씨름하는 이들과, 확신이 더 필요한 기존 신자들에게 나누어 주라.

조엘 비키(Joel R. Beeke)
: 미시건 주 그랜드래피즈 소재의 퓨리턴리폼드신학교 총장

한 사람의 영혼에 '나는 하나님 앞에 의로운 자인가?'라는 물음보다 더 중대한 질문은 없을 것이다. 이 유익한 책은 하나님께서 그 중요한 질문에 친히 어떻게 답하시는지를 성경 안에서 탐구한다. 이 책을 읽는 가운데 많은 이들이 칭의 교리에 다시금 경탄케 되기를 소망한다. 또한 이 책을 집어든 당신을 포함한 더 많은 이들이 하나님 앞에 의롭다고 인정된 자의 기쁨을 알게 되기를 기도한다.

매튜 보스웰(Matthew Boswell)
: 텍사스 주 셀리나 소재의 더트레일스교회 목사

/ CONTENTS /

Part 2

칭의의 은혜를
헛되게 하지
않으려면

Part 3

날마다 하나님 앞에서
칭의의 복을
누리며 살다

"생명은 정말 소중합니까?"
그럼요.
"나는 중요한 존재인가요?"
그럼요.
"나는 용서를 얻을 수 있나요?"
그럼요.
"나는 용납받고 사랑받을 수 있나요?"
그럼요. 그럼요, 그렇고 말고요.
백만 번이라도 그렇습니다!
여기 몸을 굽히시는 한 분,
손을 내밀며 "염려하지 말라"라고
조용히 말씀하는 분이 계십니다.
여기 예수님이 계십니다!

엠마 스크리브너(Emma Scrivener)
A New Name(새 이름)에서

RIGHT with GOD

PART 1

모든 그리스도인이
꼭 붙들어야 할
칭의 복음

우리를
자유하게 하는
사랑

"어떻게 해야 하나님 앞에 의로운 자로 설 수 있을까"

어떻게 해야 우리는 다른 이에게 사랑과 인정을 받게 될까? 이를 위해 우리 자신을 더 사랑스럽게 만들어야 하지 않을까? 우리는 더 매력적이고 더 마음을 끄는 사람이 되고자 한다. 그것이 모든 상업 광고가 우리에게 권하는 바이며, 소셜 미디어에서도 쉴 새 없이 그렇게 독려하는 콘텐츠들을 쏟아 낸다.

하지만 하나님 앞에서는 그 반대이다. 마르틴 루터(Martin Luther)가 말했듯이 하나님 앞에서는 실패하고 상한 자들이 "사랑을 받아 사랑스럽다." "하나님 앞에서 그들은 사랑스럽기 때문에 사랑을 받는 것이 아니다." 다시 말해, 하나님께서는 사람들이 스스로를 온전하게 했기 때문에 그들을 사랑하시는 것이 아니다. 오히려 하나님은 실패한 자들을 사랑하신다. 그리고 그들이 받은 그 사랑이 그들을 향기 나는 자로 변화시킨다.

이 작은 책은 하나님 앞에 의로운 자로 서는 것에 관한 이야기다. 여기서 나는 기독교 복음의 중심, 곧 '칭의'(稱義, justification)에 대해 말하고자 한다.

이제껏 이 은혜의 진리를 알게 된 자들은 그 은혜가 말할 수 없이 달콤한 자유를 준다는 사실을 깨달았다. 그것은 지난 수 세기 동안 변함없이 계속 이어져 온 증언이다. 윌리엄 틴들(William Tyndale)은 칭의를 가리켜, "사람의 마음을 즐겁게 해 노래하게 하고 춤추게 하고 기뻐 뛰게 하는 흥겹고 반갑고 기쁨 넘치는 소식"이라고 했다. 토머스 빌니(Thomas Bilney)는 그 진리가 자신의 "상한 뼈들이 기쁨으로 펄쩍 뛸 만큼 기이한 위로와 평온함"을 가져다준다는 사실을 깨달았다. 찰스 웨슬리(Charles Wesley)는 "나를 얽어맸던 사슬은 끊어져 내리고, 내 영혼은 자유하게 되었네. 나는 일어나, 나아가, 주님을 따르게 되었네"라고 노래했다.

만일 당신이 아직까지 그 진리가 주는 놀라운 자유를 알지 못하고 있다면, 이제는 알게 되기를 바란다.

"어떻게 해야 주님 계신
낙원에 들어갈 수 있는가"

젊은 마르틴 루터는 어떻게 해야 하나님 앞에 의로운 자로 설 수 있는지 알지 못했고, 그로 인해 괴로워했다. 하지만 그 비참함은 그의 잘못이 아니었다. 그는 하나님께 옳다 함을 얻는 길은 내적인 개선의 과정을 계속해 가는 것이라고 배웠고, 그렇게 믿었다. 즉, 하나님이 우리 마음에 은혜를 부으심으로써 우리 마음이 점차 더 거룩해지고 천국에 합당해져 가며, 그만큼 점차 더 의로워진다(또는 칭의된다)고 배우고 믿은 것이다.

물론 그런 가르침에는 루터를 비참하게 만들려는 의도가 없었다. 오히려 그 반대였다! 어떤 신학자는 "하나님은 최선을 다하는 자들에게 은혜를 거절하지 않으실 것이다"라고 달래듯이 말해 주었다. 그러나 루터는 여전히 '나는 최선을 행했는가? 그래서 의롭게 되거나 천국에 합당할 만큼 충분히 선했는가? 만일 갑자기 죽기라도 하면 나는 어떻게 되는가? 나는 천국에 들어갈 만큼 충분히 의로운가?' 하는 질문들에 확신을 갖지 못했다.

"나는 수도사가 되겠나이다"

스물한 살의 루터는 대학교로 가는 길에서, 믿음의 시험을 마주하였다. 갑작스럽게 몰아치는 격렬한 폭풍 속에서 번개가 그의 옆에 내리쳤다. 루터는 죽음과 그에 뒤따를 불확실한 운명을 두려워하며 외쳤다. "성 안나여(Saint Anne), 나를 도우소서! 나는 수도사가 되겠나이다!"

그때 루터는 감히 하나님을 찾지 못했다. 거룩하신 하나님께서 자신과 같은 죄인의 간구를 들어주시리라 생각하지 않았기 때문이다. 대신 그는 마리아의

어머니 성 안나를 향해 기도했다. 성 안나가 마리아에게 잘 말해 주면, 다시 마리아가 예수께 잘 말해 주리라 기대했던 것이다.

그 폭풍 가운데 살아남은 젊은 루터는 수도사 생활을 시작했다. 어떤 의미에서 루터는 수도사 생활을 좋아했다. 그의 가장 깊은 두려움은 죽은 후 하나님 앞에, 곧 그분의 심판대 앞에 서는 것이었다. 따라서 그에게 수도사 생활은 황금과 같은 기회로 여겨졌다. 그는 그 생활을 통해 하나님 앞에 더 사랑스러운 자가 되어, 하나님의 사랑을 얻어 낼 수 있기를 바랐다.

그리고 그렇게 되기 위해 애썼다. 그는 하루에도 몇 시간이 멀다 하고 수차례 작은 수도원 방을 나와 예배당으로 향했다. 한밤중에 있는 기도 시간부터 시작해, 아침 여섯 시 기도 시간, 아홉 시 기도 시간, 열두 시 기도 시간 등을 다 지켰다. 게다가 그는 때때로 삼일 동안 빵과 물을 입에 대지 않는 금식을 했고, 하나님을 기쁘시게 하기 위해 겨울의 추위에 일부러

자기 몸을 얼게 하는 것도 불사했다. 또 그는 고해성
사에도 너무 열심이어서, 그의 말을 듣는 고해사제는
지칠 지경이었다. 고해사제는 루터가 나열하는 최근
지은 죄의 목록을 들어주기 위해 길게는 여섯 시간까
지 붙들려 있어야 했다.

"하지만 나의 의는 충분한가?"

하지만 그럴수록 루터의 괴로움은 더욱 깊어졌다.
'나는 충분히 신실한가? 나의 동기는 온전한가?' 루
터는 점점 더 깊은 자기 성찰에 빠져들었다. 그는 드
러난 행위보다 자신의 도덕적인 불결함과 하나님이
보실 때 사랑스러움이 결여된 내적인 상태가 더 무거
운 문제라는 사실을 감지하기 시작했다. 루터는 자아
에게로 굽어져 있는, 근본적으로 이기적인 자신의 실
체를 깨닫게 되었다. 모든 선행과 종교적인 행위는
그런 근본적인 문제를 해결하지 못하고 그저 숨길 뿐

이었다.

더 심각한 사실은, 수도사 루터가 점점 하나님을 왜곡된 시선으로 보게 되었다는 것이다. 그에게 하나님은 완벽을 요구하며, 달리 주는 것 없이 그저 처벌만을 내리는 사랑 없는 폭군으로 여겨졌다. 루터는 나중에 그 시절을 다음과 같이 회상했다.

"비록 나는 수도사로서 나무랄 것이 없이 생활했지만, 극도로 불안한 양심으로 스스로 하나님 앞에 죄인이라고 느꼈다. 나는 그분을 사랑하지 않았다. 그렇다. 나는 죄인들에게 벌을 내리시는 의로우신 하나님을 미워했고, 신성모독까지는 아니더라도 분명 나는 하나님께 화가 나 큰 소리로 중얼거렸다."

그리고 그 어둡고 어두운 곳에서 그는 참으로 행복한 발견을 했다.

"비로소 나는 이해하기 시작했다"

루터는 수도원 방에서 성경을 공부하며 사도 바울이 로마서에 쓴 메시지를 이해하기 위해 씨름했다.

> 복음에는 하나님의 의가 나타나서 믿음으로 믿음에 이르게 하나니 기록된 바 '오직 의인은 믿음으로 말미암아 살리라' 함과 같으니라(롬 1:17).

이것이 도대체 무슨 의미인가? 복음에 나타난 "하나님의 의"란 정확히 무엇인가? 하나님이 옳으시고 나는 아니란 말인가? 그래서 나는 그분과 함께할 수 없다는 말인가? 루터는 전에 그렇게 생각했었다. 그러나 "마침내" 그는 다음과 같이 말했다.

> 나는 비로소 '하나님의 의'는 이른바 믿음으로 말미암아 하나님의 선물로 얻어, 의인들을 그로 말미암아 살게 하는 것임을 이해하기 시작했다.

"그가 나를 먼저 사랑하셨다"

그 깨달음은 모든 것을 바꾸어 놓았다. 루터에게 그
것은 마치 온 세상이 뒤집히는 것과 같은 깨달음이었
다. 그는 하나님께서 우리에게 그분의 사랑과 용납
하심을 쟁취하라고 요구하지 않으신다는 것을 알게
되었다. 하나님의 의는 하나님께서 우리에게 선물로
주시는 것이다. 우리는 하나님 앞에 용납됨과 용서와
하나님과의 화평을 그저 믿음과 신뢰로써 얻는다. 고
로 우리는 하나님의 선하신 은혜에 이르려고 바둥대지
않는다.

　　루터가 성경에서 발견한 것은 진정 좋은 소식이었
다. 그 복음은 우리에게 하나님의 사랑을 받을 만한
자격을 스스로 갖추라고 요구하지 않으시고 도리어
우리를 먼저 사랑하시는 친절하시고 너그러우신 하
나님을 전해 준다. 루터는 선한 자가 되고자 애쓰는
자신의 노력을 신뢰하는 대신, 하나님의 약속의 말씀
을 단순히 받아들일 수 있다는 사실을 깨달았다. 그

러자 그의 모든 씨름과 모든 근심은 행복한 확신과 평안으로 변하였다. 루터는 환희에 차 "이로써 나는 온전히 다시 태어나 열린 문을 통해 낙원으로 들어가게 되었음을 느꼈다"고 말했다.

그 깨달음은 모든 것을 바꾸어 놓았다.

루터에게 그것은 마치 온 세상이

뒤집히는 것과 같은 깨달음이었다.

그는 하나님께서 우리에게

그분의 사랑과 용납하심을 쟁취하라고

요구하지 않으신다는 것을 알게 되었다.

2

변화를
일으키는
칭의 복음

"경건하지 않은 우리를 향한 사랑 앞에 울다"

마르틴 루터는 로마서를 읽고 변화되었다. 루터를 변화시킨 로마서에 대하여 조금 더 알아보자.

로마에 보낸 바울의 편지는 우리가 어떻게 하나님 앞에 의로운 자로 설 수 있는지에 대한, 사도 바울이 가진 이해의 핵심을 다룬다. 로마서의 처음 세 장에서 바울은 모든 사람, 곧 우리는 다 죄책을 가지고 있어 하나님의 정죄 아래 있다는 사실을 밝힌다. "의인은 없나니 하나도 없으며"(롬 3:10).

하지만 잠깐 기다려 보라. 바울이 말한 것은 그것만이 아니다.

23 모든 사람이 죄를 범하였으매 하나님의 영광에 이르지 못하더니 24 그리스도 예수 안에 있는 속량으로 말미암아 하나님의 은혜로 값없이 의롭다 하

심을 얻은 자 되었느니라(롬 3:23-24).

바울은 정죄 아래 있는 자들이 의롭다 하심을 얻는 일에 대해서 말한다. 그럼 바울이 여기서 말하는 "의롭다 하심"의 의미는 무엇일까? 로마서 4장에서 그는 그 의미를 설명하기 위해 믿는 자들의 조상인 아브라함을 예로 든다.

[1] 그런즉 육신으로 우리 조상인 아브라함이 무엇을 얻었다 하리요 [2] 만일 아브라함이 행위로써 의롭다 하심을 받았으면 자랑할 것이 있으려니와 하나님 앞에서는 없느니라 [3] 성경이 무엇을 말하느냐 아브라함이 하나님을 믿으매 그것이 그에게 의로 여겨진 바 되었느니라 [4] 일하는 자에게는 그 삯이 은혜로 여겨지지 아니하고 보수로 여겨지거니와 [5] 일을 아니할지라도 경건하지 아니한 자를 의롭다 하시는 이를 믿는 자에게는 그의 믿음을 의로 여기시나니 [6] 일한 것이 없이 하나님께 의로 여기심을 받는 사람의 복에 대하여 다윗이 말한 바 [7] 불법이 사

함을 받고 죄가 가리어짐을 받는 사람들은 복이 있고 [8]주께서 그 죄를 인정하지 아니하실 사람은 복이 있도다 함과 같으니라(롬 4:1-8).

아브라함에게는 자랑할 것이 전혀 없었다. 하나님은 아브라함이 실제로 의로웠기 때문에 그를 의롭다고 하신 것이 아니었다. 오히려 하나님은 "경건하지 아니한 자를 의롭다"(5절) 하심으로써 자신이 선하신 하나님임을 나타내셨다. 아브라함은 자기 의를 세우기 위해 일하는 대신, 바울이 위의 로마서 4장 3절에서 인용한 창세기 15장 6절이 말해 주는 것처럼, 그저 "하나님을 믿으매" 그로써 의롭다고 여겨진 바 되었다.

그러므로 의롭다 하심을 얻는다는 것은 죄인임에도 하나님의 은혜로 "의롭다"는 판결을 받은 자가 되는 것이다. 이것은 의롭다고 '선언'되는 것이지, 의로운 '상태'로 서서히 변화되는 것이 아니다. 의롭다 하심을 얻는다는 것은 결코 "더 의로워지는 것"을 뜻하지 않는다. '칭의'는 유죄나 무죄를 선언해야 하는 법

정의 판사들의 언어, 곧 법적인 용어이다.

혹은 우리가 일상에서 이 말을 어떻게 사용하는지도 생각해 보라. 예컨대, 당신이 좀 의심스러워 보이는 일을 하는 것을 당신의 아버지께서 보았다고 하자. 이제, 아버지는 당신에게 소리를 지르는 대신 공정하게 "네가 하는 일을 나에게 설명해 주려므나. 너는 네가 방금 한 일을 옳다고 할 수 있니?" 하고 말한다. 당신의 아버지가 묻는 것은 무엇인가? 아버지는 당신에게 시간을 돌이켜 당신이 한 일을 바로잡으라고 말하는 것이 아니다.

"옳다고 하다"(justify)는 말이 의미하는 것은 그런 것이 아니다. 아버지가 당신에게 요구하는 것은 당신의 행동을 변호하는 것이다. 비록 그 일이 정당해 보이지 않았을지라도 사실 그 일은 올바르고 이성적인 행위였다는 것을 입증하라는 것이다. 곧 칭의(의롭다 함)는 판단, 선언, 판결과 관련된 것이다.

그러한 사실은 성경에서도 다르지 않다. 우리가 의롭다 하심을 얻는 것은 하나님께서 우리에게 하나님 앞에 의로운 상태에 있다는 '판결'을 선언하실 때이다. 성경에서 말하는 의로운 사람은 선행을 충분히 행하거나 전혀 죄를 짓지 않은 사람이 아니다. 바울은 "일을 아니할지라도 경건하지 아니한 자를 의롭다 하시는 이를 믿는 자에게는 그의 믿음을 의로 여기시나니"(롬 4:5)라고 말한다. 의로운 사람은 스스로를 온전하게 한 사람이 아니라, 다만 하나님께서 "의롭다"고 선언하신, '경건하지 않은 죄인'이다. 그야말로 칭의는 "일한 것이 없이 하나님께 의로 여기심을 받는 사람의 복"(롬 4:6)이다.

계속해서 바울은 다윗의 시편 32편 말씀을 통해 그에 대한 논증을 이어 간다.

> [7]불법이 사함을 받고 죄가 가리어짐을 받는 사람들은 복이 있고 [8]주께서 그 죄를 인정하지 아니하실 사람은 복이 있도다 함과 같으니라(롬 4:7-8; 시 32:1-2의 인용).

다윗은 복 있는 사람은 아무 죄도 짓지 않은 사람이 아니라는 사실을 알았다. 복 있는 사람은 그의 죄

가 "가리어짐"을 받는 사람이요, 주님께서 그의 죄를
인정하지 아니하실 사람이다.

나는 생애 처음으로 그리스도께서 나의 죄악의
짐을 제하여 주셨다는 사실을 깨달았다. 그분은 내
모든 불법에 대한 책임을 친히 감당하셨다. 그 끔찍
한 대가가 그분의 죄 없으신 머리에 다 쏟아부어졌
고, 그분은 나를 자유하게 하시려고 그것을 자원하여
받아들이셨다.

나는 나를 무릎 꿇게 하는 그 희생적인 사랑을 부
끄러움 없이 고백할 수 있다. 나는 스스로 강인하다
고 생각했다. 그러나 나는 울고 말았다.

마이클 그린(Michael Green)
Compelled by Joy(기쁨에 이끌려)에서

3

그리스도의
의의 옷

"예수 안에 있는 의가 우리 안에 있는 죄를 덮다"

하지만 어떻게 그럴 수 있는가? 하나님은 어떻게 경건하지 아니한 자를 "의롭다"고 선언하실 수 있는가? 대답은 간단하면서도 심오하다. 오직 그리스도 안에서 그럴 수 있다.

예수님은 십자가에서 우리를 위해 우리 죄에 대한 죽음의 형벌을 담당하셨다. 잠시 멈춰 서 그 사실을 묵상해 보라. 그것은 인격적인 일이다. 그분을 믿는 모든 사람은 그분의 몸의 지체가 되고, 그분의 몸에 일어난 일을 경험한다. 우리는 그분과 함께 죽었다. 우리의 옛 자아는 십자가에 못 박히고 그리스도와 함께 장사되었다(골 2:12; 롬 6:3). 이제 우리의 과거는 우리의 죄가 아니라, 그분의 죽음이 되었다.

그러나 십자가를 지신 후에 그분 안에 있는 의로움이 우리 안에 있는 죄보다 더 크다는 사실이 분명

하게 드러났다. 그분이 우리의 죄를 짊어지셨음에
도, 사망은 그분을 붙들어 둘 수 없었기 때문이다. 그
가 죄와 사망을 죽음으로 몰아내시니, 죽음은 더 이
상 그분을 주장할 수 없었다. 성자께서 자신의 사랑
의 크기를 완전하게 드러내셨을 때에, 성부께서는
자신의 사랑하는 아들을 죽음에 내버려 두실 수 없
었다. 그래서 성부께서는 그 아들이 생명에 전적으
로 합당하다고 선언하시며, 그의 의로움을 옹호하셨
다. 그를 "의롭다 하신" 것이다(딤전 3:16).

그리스도께서 아버지께 의롭다 하심을 받으시고
생명에 합당하다 선언되셨을 때, 그분은 "우리를 의
롭다 하시기 위하여 살아나"셨다(롬 4:25). 그는 "우리
의 의로움"이 되셨다(고전 1:30; 렘 23:6을 보라). 그분을
믿는 모든 자들은 그의 몸의 지체로서 그가 첫 부활
절 아침에 받으신 '생명 얻는 칭의'에 참여한다. 그러
므로 그 안에서 우리는 새로운 생명을 얻고, 우리는
하나님의 의가 된다(고후 5:21).

그것이 사도 바울이 자신이 원하는 것은 "그리스
도를 얻고 '그 안에서' 발견되려 함이니 내가 가진 의

는 율법에서 난 것이 아니요 오직 그리스도를 믿음으로 말미암은 것이니 곧 믿음으로 하나님께로부터 난 의라"(빌 3:8-9)고 말한 이유이다. 바울은 그리스도의 의는 마치 우리가 입는 옷과 같다는 사실을 알았다. 우리는 하나님 앞에서 우리 자신의 의라는 무화과나무 잎으로 옷 입으려 하지만, 하나님께서는 선하고 참된 손길로 우리에게 그리스도의 의를 입혀 주신다. 이렇게 우리는 그리스도로 옷 입고 우리 아버지 앞에 선다.

프랑스의 종교개혁가 장 칼뱅(John Calvin)은 야곱의 이야기를 사용해 이러한 은혜가 어떻게 주어지는지를 설명했다.

야곱은 스스로 장자의 권한에 대한 자격이 없으므로, 그의 형의 옷 안에 숨고 그의 형의 향기를 풍기는 겉옷을 입어 아버지의 환심을 얻었다(창 27:27). 자신을 장자로 가장하여 장자에게 속한 축복을 자신의 것으로 삼고자 한 것이다. 우리도 이와 마찬가지로 하나님의 눈에 의로운 자로 보이고자 우리의 맏형이신 예수 그리스도의 보배로운 정결함 아래 숨는다. …… 참으로 그러하다. 하나님의 얼굴 앞으로 나아가 구원에 이르기 위해서 우리는 반드시 그리스도의 향기를 입어 달콤한 냄새를 풍겨야 한다. 그리고 우리의 악덕은 반드시 그리스도의 완전하심으로 감추어지고 덮여져야 한다.

칼뱅은 에덴까지 거슬러 올라가는 성경의 주제를 추적했다. 아담과 하와는 스스로를 위해 보잘것없는 무화과나무 잎을 옷으로 지어 입었지만(창 3:7), 하나님은 그 잎 대신 자신의 선하심을 따라 첫 번째 희생제물의 가죽으로 옷을 지어 그들을 입히셨다(창 3:21). 그와 같이, 우리는 하나님을 마주하기 위해 우리 자신의 수고로 우리 자신을 옷 입히는 허사를 행할 필요가 없다. 우리는 그리스도의 의로움으로 참되고 완전하게 옷 입고 하나님 앞에 나아갈 수 있다. 의롭다 하심을 얻는다는 것은 아버지 하나님 앞에 나 자신의 의로움이 아닌 완전히 의로우신 나의 맏형의 의로움을 입고 나아가는 것을 말한다.

어떤 이들은 이에 대해 반대하며, 의로움이란 한 사람으로부터 다른 이에게로 옮겨질 수 있는 것이 아니라고 주장한다. 하지만 그리스도인들은 예수님께서 어떤 방식으로든 자신의 의로움을 공간과 시간을 넘어 우리에게로 띄워 보낸다고 상상하지 않는다. 오직 우리는 참으로 그분 안에 있기에 그분의 의로우심으로 옷 입혀진다. 칼뱅은 이렇게 말한다.

그러므로 우리는 그리스도의 의로움이 우리에게 주입되기 위해 우리 밖 멀리서부터 온다고 망상하는 것이 아니다. 왜냐하면 우리는 그리스도를 입고 그분의 몸에 접붙여지기 때문이다. 간단히 말해, 그분이 우리를 자신과 하나 되게 하시는 것이다.

이것은 칭의란 하나님께서 나를 "전혀 죄 짓지 않은 것처럼" 보아 주시는 것이라고 지나치게 단순화된 개념으로 생각하는 것보다 훨씬 나은 이해이다. 처음에는 그렇게 단순화된 말이 인상적일 수 있다. 또 우리는 그리스도를 믿을 때, 완전히 용서받고 깨끗하게 씻긴 것에 매우 감사한 마음을 갖는 것도 사실이다.

그러나 우리는 용서받았음에도 불구하고, 죄 짓는 것을 아예 멈추지는 못했다. 씻겨졌던 우리의 깨끗한 그릇은 진작 더러워지기 시작했다. 이는 무엇인가? 우리는 다시 의롭다 하심을 받았어야 했는가? 우리는 하나님께 다시 옳다 인정함을 받아야 하는가?

"다시 의롭다 하심을 받는다"는 그런 생각 자체가 우리가 의로우신 그리스도 안에서 갖게 된 새로운 정체성에 대해 충분히 이해하지 못하고 있음을 보여 주는 것이다. 우리의 의로움은 과거에도 우리의 행동이나 감정이나 신실함에 기초해 있지 않았고, 지금도 역시 그렇다.

오직 그리스도께서 나의 의로움이 되신다(고전 1:30). 그분이 나의 자격이시며 하나님 앞에서 내가 가진 신분이 되신다. 그 사실은 어제도 오늘도 그리고 영원히 변하지 않는다(히 13:8). 나의 현재의 죄는 그리스도인으로서 가진 생명의 즐거움을 방해할 수 있고, 또 죄를 지을 때마다 정말 그렇게 될 것이다.

그럼에도 나의 죄는 그리스도 안에 있는 나의 정체성만큼은 절대로 바꾸지 못한다.

이것은 자기 신뢰를 강요하는 사회 속에서 억눌린 우리에게 얼마나 놀라운 위안을 주는가? 물론 자기 신뢰는 듣기에는 좋은 말이다. 그 말은 우리의 자아에 자극을 준다. 그러나 우리가 자기 신뢰를 따라 하나님 앞에 선다면 우리의 정서는 늘 요요처럼 오락가락할 것이다. 어떤 날은 기도하며 좋은 기분을 느껴 바로 선 듯하지만, 다음날은 그렇지 못하여 다시 넘어진다. 이처럼 우리 자신을 우리의 행위와 감정에 따라 하나님의 사랑에 속했다 나갔다 반복하는 요요처럼 여기면, 우리는 주일에 고요하였다가도 월요일에 다시 비참함에 빠지고 만다. "그분은 나를 사랑해." "아니, 그분은 나를 사랑하지 않아." 이것이 우리가 신뢰를 우리 자신 위에 둘 때 빠지게 되는 혼란이다.

신자들은 자기의 경건함 때문에 의로운 것이 아니다. 예수님은 "이는 내가 살아 있고 너희도 살아 있겠음이라"고 말씀하셨다. 만일 내가 그리스도께 속했다면, 그로써 그분의 의와 생명은 나의 것이다. 곧 모든 그리스도인은, 아무리 약하더라도 찰스 웨슬리의 용기를 주는 찬송을 담대하고 힘차게 노래할 수 있다.

나를 두렵게 하는 정죄함 이제는 없네.
예수와 그 안에 있는 모든 것이 다 나의 것.
내 생명의 머리이신 그분 안에서 나 살았네.
하나님의 의로우심으로 옷 입고,
영원한 보좌로 담대히 나아가,
그리스도로 말미암아 내 것이 된 면류관을 얻으리.

"예수께서 아프리카에
버려진 나를 찾으셨다"

나는 생애 처음으로 하나님께 가까이 나아가고
자 무릎을 꿇었다. 나는 어떻게 말해야 할지 잘 몰랐
지만, 처음으로 하나님이 나를 사랑하시고 기다리신
다는 것을 깨달았다.

나는 "하나님" 하고 부르짖으며 "내게는 아무것
도 없습니다. 나는 아무것도 아닙니다. 나는 글을 읽
을 수도 없고, 쓸 수도 없습니다." 나의 전적인 부족
함으로 인해 목이 메었다. "나의 부모님은 나를 원하
지 않습니다. 나를 붙잡아 주소서. 하나님 나를 붙드
소서. 내가 행한 나쁜 일들을 회개합니다. 예수님, 용
서하여 주시고, 나를 받아 주소서."

그 즉시 무거운 짐이 내 등에서 떨어진 것 같았
다. 커다란 안도와 평안이 내게 밀려왔다. 나는 내 안

에서 흘러나오는 기쁨으로 인해 놀랐다. 나는 아프리카에 버려진 수백만의 아이들 중 하나였지만, 예수님께서 나를 찾으셨다. …… 나는 완전히 새로운 피조물이 되었음을 느꼈다. 나의 모든 옛 생활과 두려움이 지나가고, 모든 것이 내게 새로워졌다. 화염병을 만들기 위해 빈병들을 찾아다니던 불과 24시간 전까지 전혀 상상도 하지 못했지만, 나는 하나님을 의식하고 있었다.

스티븐 룽구(Stephen Lungu)
《예수를 업고 가는 아프리카 당나귀
(Out of the Black Shadows)》에서

그 즉시 무거운 짐이

내 등에서 떨어진 것 같았다.

커다란 안도와 평안이 내게 밀려왔다.

나는 내 안에서 흘러나오는

기쁨으로 인해 놀랐다.

나는 아프리카에 버려진

수백만의 아이들 중 하나였지만,

예수님께서 나를 찾으셨다.

……

나는 완전히

새로운 피조물이 되었음을

느꼈다.

4

놀라운
교환

"우리의 수치를 드리고 그분의 의를 얻다"

창녀가 어떻게 여왕이 될 수 있었을까? 동화 속에서는 몰라도, 아무래도 현실의 삶에서는 어렵지 않을까?

루터는 자신이 성경에서 발견한 칭의 복음을 설명하기 위해, 그리스도께서 자기 교회와 맺은 혼인이라는, 성경에 펼쳐진 크고 중대한 서사를 이야기했다(사 61:10-62:5; 계 19:6-8). 그리스도를 가리키는 한 왕이 우리를 가리키는 가난하고 빚진 소녀, 사실은 창녀인 한 여인과 결혼한다. 다 갚기에는 너무 큰 빚을 진 그 여인은 열심히 일하는 것으로는 결코 여왕이 될 수 없었다. 하지만 그 왕은 그 여인을 사랑하여 그녀에게 구혼했고, 결혼식 날 그 여인은 왕에게 말했다.

"내 전부를 당신께 드립니다. 내가 가진 모든 것

을 당신과 나누겠습니다."

그 말처럼 그녀는 자신의 모든 빚과 수치를 왕과
나누어 가졌다. 그리고 그 왕은 그 여인에게 말했다.

"내 전부를 당신에게 주겠소. 내가 가진 모든 것
을 당신과 나누겠소."

이로써 그 왕은 자신이 가진 모든 부와 나라와 함
께 그 여인의 것이 되었다.

한마디로 그 창녀는 여왕이 되었다. 이것이 복음
이 말하는 혼인 교환, 또는 기쁜 교환이다. 우리의 위
대한 신랑이신 그리스도께서는 우리의 모든 죄와 사
망과 심판을 취하여 십자가에서 감당하셨고 자기 피
로 그 모든 것을 덮으셨다. 또한 그리스도께서는 자
신의 모든 의로움과 복됨과 아버지 앞에 사랑받는
지위를 우리에게 주셨다.

루터가 말했듯, 이로 인해 죄인은 담대히 "자신의
죄를 사망과 지옥의 면전에 드러내 보이며, '나는 죄
인일지라도 내가 믿는 그리스도께는 죄가 없으시다.
그분의 모든 것이 내 것이며, 나의 모든 것은 그분의
것이다'" 하고 말할 수 있다.

이 이야기는 믿음을 이제 우리가 구원을 얻기 위해 반드시 "해야" 할 일, 심지어 열심히 해야 할 일로 여기는 흔한 오해를 바로잡아 준다. 만일 믿음이 그런 것이라면 우리는 '믿음이라는 일'을 충분히 잘하고 있는지 늘 염려하는 자기 감시적인 상태에 빠질 것이다. 루터가 결혼으로 설명하고자 한 그 교환을 이해하기 위해서는, 그 교환을 "믿음에 의한 칭의"라고 말하는 대신 "하나님의 말씀에 의한 칭의"라고 표현하는 편이 더 도움이 될 수 있다. 왜냐하면 우리를 의롭게 하는 것은 우리의 믿음이 아니라 하나님의 말씀이기 때문이다.

우리는 "나는 충분한 믿음을 가지고 있는가?"를 물을 필요가 없다. 믿음은 그저 그리스도를, 그리고 그리스도만으로 충분하다는 사실을 받아들이고, 끌어안고, 믿는 것이다.

또한 우리는 하나님과의 관계에 대한 의심이 찾아올 때, 우리가 얼마나 의로운지를 확인하기 위해 우리 자신의 안을 들여다볼 필요가 없다는 사실을 깨닫게 된다. 왜냐하면 우리의 의로움은, 마치 우리의 의복처럼 우리 '밖'에 있기 때문이다. 혼인 서약 때 신랑이 선언한 것에 근거해, 창녀는 자신의 신분이 변화되었음을 안다. 그녀는 여왕으로 선언되었다. 그 신분은 그녀의 내적인 성품의 변화에 좌우되는 것이 아니다. 그녀가 여왕답게 행동해야 그 후에 비로소 여왕이 되는 것이 아니라는 말이다.

우리 그리스도인들도 꼭 그와 같다. 우리는 갈수록 더 그리스도와 같은 형상으로 자라날 것이다. 그러나 그렇다고 우리가 더 의로워지는 것은 아니다. 우리는 하나님의 선언 때문에 그리스도의 그 의로운 신분을 우리의 것으로 얻는 것이지 우리 자신의 개선되고 변화된 결과로써 신분을 차지하는 것이 아니다. 우리는 우리 자신으로서는 여전히 죄인이며, 계속 흔들리기도 하고 방황하기도 한다. 하지만 우리에게는 완벽하게 의로운 신분이 있고, 왕이신 신랑이 있다. 우리는 죄인이면서 동시에 의로운 자이다. 우리 자신으로서는 죄인이지만, 그리스도의 의로우심 때문에 신분적으로는 완벽하게 의롭다. 이와 같이 그리스도를 믿는 우리는, 우리의 마음과 삶에 남아 있는 죄에 대해 정죄받지 않는다. 그리스도께서 의로우신 이상 우리도 의롭다 함을 얻는다. 그분의 모든 것이 우리의 것이기 때문이다.

이러한 사실에 근거해 친절한 설교자인 리처드 십스(Richard Sibbes)는 우리에게 다음과 같이 권한다.

가끔씩 여러분 자신에 대해 생각해 보십시오. "나는 어떤 자인가?" 우리는 죄 많은 불쌍한 피조물입니다. 그러나 동시에 우리는 그리스도 안에서 모든 문제의 해답이 되는 의로움을 소유한 자입니다. 우리 자신은 약하지만 그리스도께서는 강하시고, 그분 안에서 우리 역시 강합니다. 또 우리 자신은 어리석지만 그분 안에서 우리는 지혜롭습니다. 우리는 우리 안에 있는 결핍을 그분 안에서 채웁니다. 그분은 나의 것이며, 하나님이자 사람이신 그분의 의로우심도 나의 것입니다. 나는 그 의를 옷 입어, 양심이나 지옥이나 진노나 그 무엇에 대해서도 안전합니다. 비록 나는 날마다 내 안에 있는 죄를 경험하지만, 내 것이 되시며 또한 모든 성도의 머리

가 되시는 그리스도 안에는 나의 죄보다 더 큰 의
가 있습니다.

우리는 그 안에서 강하며, 그 안에서 지혜롭고,
그 안에서 안전하다.

존 번연이 쓴 《천로역정》은 기독교의 가장 위대
한 고전 문학 중 하나이다.

솥을 고쳐 주는 일을 했던 번연은 약 30킬로그램
무게의 모루(쇠를 올려놓고 두드릴 때 받침으로 쓰는 쇳덩이)
와 다른 무거운 도구들을 등에 메고 이 마을 저 마을
로 돌아다니는 일에 익숙했다. 그리고 그것은 천로역
정의 순례자가 십자가에 이를 때까지 그의 등에 지
고 갔던 커다란 죄 짐의 모티브가 되었다. 순례자가
십자가에 이르렀을 때 그 짐은 그의 어깨에서 떨어져
내려갔고, 그는 홀가분해졌다.

젊은 시절, 번연은 마르틴 루터와 매우 비슷했다.
그는 죄책감에 짓눌려 "그리스도께서는 나를 용서하
지 않으실 것이다" 하며 두려워했다. 그리고 그는 루

터가 발견했던 것과 정확히 같은 것을 발견했다.

하지만 어느 날 내가 얼룩진 양심으로 나의 의롭지
못함에 대해 두려워하며 들판을 지나고 있을 때,
불현듯 내 영혼에 이러한 말씀이 임하였다. "너의
의로움은 하늘에 있다." 그리고 나는 영혼의 눈으
로 하나님의 우편에 계신 예수 그리스도를 보았다.
그렇다. 그가 나의 의로움이시다! 이로써 내가 어
디에 있든 무엇을 하든 나의 의로움이 하나님 앞에
계시므로, 하나님은 나에 대해 "그에게는 의가 없
다"고 하실 수 없을 것이다.

다시 말해, 번연은 자신이 스스로를 얼마나 좋다
고 느끼는지는 중요한 문제가 아니라는 것을 깨달
았다. 좋게 느낄 때든 나쁘게 느낄 때든, 상관이 없
었다.

나의 의로움은 예수 그리스도 그분이시다. 어제도

오늘도 영원토록 동일하다. 정녕 나의 사슬이 내 다리에서 벗겨졌고, 고통과 차꼬에서 해방되었다. …… 그리고 나는 하나님의 은혜와 사랑을 기뻐하며 집으로 갔다.

존 번연(John Bunyan)
《천로역정(*The Pilgrim's Progress*)》에서

RIGHT with
GOD

PART 2

칭의의 은혜를
헛되게 하지
않으려면

5

믿음과
행함

"믿음은 행함을 낳고, 행함은 믿음을 증명한다"

자, 이제 종종 이 위대한 복음에서 오는 기쁨을 빼앗는 몇 가지 잠재적인 장애물들을 생각해 보자. 그 첫 번째는 성경 자체에서 비롯되는 장애물이다. 야고보서는 다음과 같이 말한다.

[14] 내 형제들아 만일 사람이 믿음이 있노라 하고 행함이 없으면 무슨 유익이 있으리요 그 믿음이 능히 자기를 구원하겠느냐 [15] 만일 형제나 자매가 헐벗고 일용할 양식이 없는데 [16] 너희 중에 누구든지 그에게 이르되 평안히 가라, 덥게 하라, 배부르게 하라 하며 그 몸에 쓸 것을 주지 아니하면 무슨 유익이 있으리요 [17] 이와 같이 행함이 없는 믿음은 그 자체가 죽은 것이라 [18] 어떤 사람은 말하기를 너는 믿음이 있고 나는 행함이 있으니 행함이 없는 네

믿음을 내게 보이라 나는 행함으로 내 믿음을 네게 보이리라 하리라 [19] 네가 하나님은 한 분이신 줄을 믿느냐 잘하는도다 귀신들도 믿고 떠느니라 [20] 아아 허탄한 사람아 행함이 없는 믿음이 헛것인 줄을 알고자 하느냐 [21] 우리 조상 아브라함이 그 아들 이삭을 제단에 바칠 때에 행함으로 의롭다 하심을 받은 것이 아니냐 [22] 네가 보거니와 믿음이 그의 행함과 함께 일하고 행함으로 믿음이 온전하게 되었느니라 [23] 이에 성경에 이른바 아브라함이 하나님을 믿으니 이것을 의로 여기셨다는 말씀이 이루어졌고 그는 하나님의 벗이라 칭함을 받았나니 [24] 이로 보건대 사람이 행함으로 의롭다 하심을 받고 믿음으로만은 아니니라 [25] 또 이와 같이 기생 라합이 사자들을 접대하여 다른 길로 나가게 할 때에 행함으로 의롭다 하심을 받은 것이 아니냐 [26] 영혼 없는 몸이 죽은 것 같이 행함이 없는 믿음은 죽은 것이니라(약 2:14-26).

언뜻 보면 마치 야고보가 앞서 살펴본 바울의 가

르침과는 매우 다른 말을 하는 것 같아 보인다. 하지만 야고보의 요지를 자세히 살펴보면 그런 곤란함은 사라진다.

야고보는 아브라함의 삶에 있었던 두 가지 사건에 대해 생각하고 있다. 첫 번째는 창세기 15장에 기록된 사건이고, 두 번째는 창세기 22장에 기록된 사건이다. 야고보는 야고보서 2장 23절에서 창세기 15장 6절의 "아브람이 여호와를 믿으니 여호와께서 이를 그의 의로 여기시고"라는 말씀을 언급한다. 이 구절은 바울이 로마서 4장에서 우리는 오직 믿음으로만 의롭다 함을 얻는다는 진리를 뒷받침하기 위해 인용했던 그 말씀이다. 그렇게 하나님께서 아브라함의 믿음을 "그의 의로 여기"신 지 수십 년이 지난 후 창세기 22장의 사건, 곧 아브라함이 자신의 아들 이삭을 제단에 제물로 드리라는 하나님의 명령에 순종하는 일이 일어난다.

두 구절을 조명함으로써 야고보가 말하고자 한 바는 간단하다. 과거 창세기 15장에서 의롭다고 여김을 받은 아브라함은 창세기 22장에 이르러, 참으로 믿음으로 의롭다 함을 얻은 자로 입증된다. 창세기 22장의 순종을 통해, 창세기 15장에서 행사한 아브라함의 믿음이 산 믿음이었다는 사실이 증명된 것이다. 그가 그의 행함으로써 "의롭다 함을 얻었다"는 것은 바로 이런 의미이다.

여기서 야고보가 칭의를 거룩함이나 의로움이 성장하는 과정으로 생각한다고는 할 수 없다. 야고보서 2장이 말하는 것은 아브라함과 그의 믿음에 대한 평가 혹은 증명이다. 창세기 22장의 아브라함의 행위는 창세기 15장에서 이미 그의 것으로 여겨진 그 의에 아무 기여를 하지 못한다. 그의 행위는 다만 그의 믿음이 참되다는 사실을 증명해 준다.

이것이 야고보의 주장에 대한 바른 이해이다. 야고보는 단순히 어떤 진리를 인정하는 정도의 믿음은 구원을 얻지 못하는 죽은 믿음이라는 사실을 논증하고 있다. 산 믿음은 그리스도를 향한 진심 어린 믿음의 실체를 결국 하나님을 향한 사랑과 변화된 삶 그리고 선한 행실로써 드러낸다. 창세기 15장에서 표출된 이후 창세기 22장에 이르러 행함으로서 산 믿음으로 증명되었던 아브라함의 믿음이 그러했듯이 말이다.

창세기 15장의 아브라함처럼 주님을 믿는 자들은, 아브라함이 그랬듯이 오직 믿음으로 말미암아 의롭다 함을 얻는다. 그러나 그런 살아 있는 믿음, 구원 얻는 믿음은 항상 선한 행실의 열매를 맺는다. 우리는 오직 믿음으로만 의롭다 함을 얻지만, 의롭다 함을 얻게 하는 우리의 믿음은 결코 홀로 있지 않다 (약 2:22).

6

값없는 은혜의
계속적인 효력

"의의 옷과 함께, 그리스도의 전부를 얻다"

칭의와 관련해 많은 사람이 가진 또 다른 우려는 이 교리가 성경이 말하는 거룩한 삶으로의 부르심을 약화시킬 수 있다는 것이다. 우리는 죄 짓기를 즐겨 한다. 그리고 하나님은 용서하기를 즐겨하신다. 만일 구원이 행위로 얻는 것이 아니라 선물로 받는 것이라면, 무엇 때문에 거룩한 삶을 위해 신경을 써야 한다는 말인가? 천국이 값없이 주어진다면, 그리스도인들은 "은혜를 더하게 하려고 죄에 거하지" 않겠는가?(롬 6:1)

이러한 생각과 우려는 우리가 이제까지 보아 온 칭의 교리를 제대로 이해하지 못해서 나온 것이다. 하나님은 천국에서 우리에게 툭툭 던져 줄 의로움의 덩어리나 구원의 뭉치들을 가지고 계신 것이 아니다. 만일 칭의 교리가 그런 의미라면 우리가 던져 주시는 그 선물을 받고 계속 죄를 짓지 않겠느냐는 의문을 제기할 수 있을 것이다. 하지만 하나님은 우리에게 어떤 덩어리를 던져 주시는 것이 아니다. 하나님은 우리에게 자기 아들을 주신다. 하나님이 우리에게 주시는 것은 예수 그리스도이다. 우리는 그리스도 안에서 - 그분으로 옷 입고 - 그분의 의로움을 소유하게 된다. 우리가 그분의 의를 얻을 수 있는 이유는 오직 우리가 그분을 얻기 때문이다.

루터는 "그리스도를 믿는 믿음을 통해 그리스도의 의가 우리의 의가 되고, 그분이 소유한 모든 것이 우리의 것이 된다. 더 정확히 말하면, 그분 자신이 우리의 것이 되신다"라고 했다.

왕과 결혼한 창녀를 생각해 보라. 그렇다. 그 여인은 왕의 나라를 얻었다. 하지만 여기서 중요한 것은 그 여인이 그 왕과 함께 살기 위해 왕과 결혼했다는 것이다. 그와 같이 신자들은 그리스도를 얻기 위해 그분께로 나아간다. 우리가 그리스도께 나아가는 이유는 천국이나 의로움이나 생명이나 혹은 다른 어떤 복을 얻기 위해서가 아니라, 무엇보다 오직 그분을 얻고자 함이다. 그리고 그분 안에서 다른 모든 복들이 뒤따르는 것이다. 오직 은혜로 말미암은 구원에 대해 그토록 강조하였던 바울을 예로 들어 보자. 바울은 빌립보서에서 자신이 간절히 바라는 것은 "세상을 떠나서 천국에 있는 것"이라고 하지 않았다. 그는 자신이 바라는 바는 "세상을 떠나서 그리스도와 함께 있는 것"이라고 말했다. 바울에게, 그리스도는 천국의 가장 큰 아름다움이었다.

마치 은혜 입은 소녀가 왕과 함께 살아가며 여왕으로서 사는 것을 배우는 것처럼, 신자들은 그리스도를 알고 그분과 함께 살아감으로써 변화된다. 그리스도의 의로 옷 입은 자들은 그리스도께서 보내주신 변화시키는 성령으로 충만하다. 우리는 그리스도와 연합함 없이 그리스도의 의로 옷 입을 수 없다. 그리고 우리와 연합하시는 그리스도께서는 또한 우리를 자신과 같이 변화시키는 분이다. 그분이 구원이시다. 그분 안에 모든 의가 있고, 그분을 아는 것이 거룩함의 심장이다.

즉 오직 은혜로 인한 구원이란 오직 그리스도로

인한 구원의 또 다른 표현이다. 그리스도 없이는 은혜도 구원도 의로움도 없다. 그러므로 바울이 가르쳐 준 것처럼 은혜는 변화시킨다.

> ¹¹모든 사람에게 구원을 주시는 하나님의 은혜가 나타나 ¹²우리를 양육하시되 경건하지 않은 것과 이 세상 정욕을 다 버리고 신중함과 의로움과 경건함으로 이 세상에 살고 ¹³복스러운 소망과 우리의 크신 하나님 구주 예수 그리스도의 영광이 나타나심을 기다리게 하셨으니 ¹⁴그가 우리를 대신하여 자신을 주심은 모든 불법에서 우리를 속량하시고 우리를 깨끗하게 하사 선한 일을 열심히 하는 자기 백성이 되게 하려 하심이라(딛 2:11-14).

이처럼 놀라운 은혜를 주신 하나님을 찬송하라!

"그리스도를 믿는 믿음을 통해

그리스도의 의가 우리의 의가 되고,

그분이 소유한 모든 것이 우리의 것이 된다.

더 정확히 말하면,

그분 자신이 우리의 것이 되신다."

7

확신의
기초

"그리스도를 확신의 기초로 삼다"

이 책을 읽으며, 당신에게 영원한 생명이 있음을 확신한다고 말할 수 있는가? 아니면 아직 그러한 확신을 찾고 있는가?

슬프게도 너무 많은 그리스도인이 영생을 소유했다는 견고한 확신을 갖지 못하고 있다. 하지만 사도 요한은 분명하게 말한다. "내가 하나님의 아들의 이름을 믿는 너희에게 이것을 쓰는 것은 너희로 하여금 너희에게 영생이 있음을 알게 하려 함이라"(요일 5:13).

만일 어떤 식으로든 영생이 우리의 행위나 충성심에 좌우되는 것이라면, 우리는 자신이 영생을 소유한 자임을 확신할 수 없을 것이다. 하지만 신약성경 전체가 전제하는 바는 모든 신자가 영생에 대한 확신을 가질 수 있다는 것이다. 바울은 빌립보서에서 "주 안에서 항상 기뻐하라 내가 다시 말하노니 기뻐하라"(빌 4:4)라고 말한다. 그런데 만일 우리가 주 안에 있다는 사실을 확신할 수 없고, 우리가 그분 앞에 서 있는 것이 확실하지 않다면 어떻게 기뻐할 수 있겠는가? 또 예수님께서도 "너희 이름이 하늘에 기록된 것으로 기뻐하라"(눅 10:20)라고 하셨다. 앞선 경우와 마찬가지로 우리의 이름이 하늘에 기록된 것을 알지 못한다면 우리가 어떻게 기뻐할 수 있겠는가?

모든 신약성경이 부활의 소망에 대해 말한다. 그러나 만일 우리가 그리스도와 함께 일어나게 될 것을 알지 못한다면, 그러한 말씀들이 우리에게 무슨 위로가 되겠는가?

오직 믿음으로 말미암는 칭의는 위로와 기쁨의 문을 여는 열쇠이다. 만일 하나님 앞에서 나의 의로움이 나의 행위에 달려 있다면, 나는 그로 인해 근심하게 될 것이며, 비참하게 될 것이다. 하나님이 나를 대적하실까? 나는 하나님으로부터 끊어진 자가 아닐까?

이런 종류의 근심은 우리의 기도 생활에 장애가

될 수 있다. 그러한 근심은 하나님으로 말미암은 모든 기쁨을 소멸시킬 수 있다. 우리 주변의 모든 사람이 괜찮아 보이는데 오직 나만이 엉망인 것처럼 보일 때, 우리는 교회에서도 멀어지고 감히 성경을 열어 볼 엄두조차 나지 않을 수 있다.

만일 그것이 어떤 마음인지 안다면, 확신의 문제로 씨름하던 친구에게 보낸 루터의 이 조언을 들어 보라.

마귀가 우리를 향해 우리의 죄들을 펼쳐 보이며, 우리는 사망과 지옥에 떨어져야 마땅하다고 말할 때, 우리는 이렇게 말해야 합니다. "나는 사망과 지옥에 합당한 자임을 인정한다. 그것이 뭐 어떻다는 말인가? 내가 영원한 형벌을 선고받게 된다는 것인가? 그럴 수 없다. 왜냐하면 내게는 나를 대신하여 고난 받으시고 속죄를 이루신 분이 계시기 때문이다. 그분의 이름은 하나님의 아들, 예수 그리스도이시다. 그분이 있는 곳에 나도 함께 있을 것이다."

이것이 바로 칭의 교리를 가리켜 우리가 꼭 붙들어야 할 달콤한 진리라고 말하는 이유이다. 그 진리는 자신의 어둠과 더러움을 아는 우리가 자신의 실패에 철저한 정직함을 가진 동시에, 또한 그리스도로 인해 철저한 담대함을 가지고 거룩하신 하나님께 나아갈 수 있다는 사실을 가르쳐 준다. 하나님 앞에서 정직함과 담대함을 동시에 갖는 것은 어렵다. 그러나 그것이 바로 오직 믿음으로 말미암는 칭의가 우리에게 주는 영적인 상태이다.

죄가 많고 흔들리기 쉬운 신자들은 그리스도 안에서 값없이 의롭다 선언되기 때문에, 우리는 자신에게 담대함의 근거를 두지 않는다. 우리의 담대함은 모두 그리스도와 그분의 충분한 의로우심에 기초해 있다. 이 어린양의 피는 그 어떤 죄보다 더 크며, 신자들은 바로 그분으로 옷 입었다. 우리는 저 심판의 날을 두려워할 필요가 없다. 왜냐하면 그날은 우리에게 자신의 의로움을 주신 우리의 친구 예수님의 날이기 때문이다. 이 복음을 꼭 붙든 모든 자에게 주어지는 위안은 하이델베르크 요리문답이 아주 멋진

말로 아름답게 표현했다.

52문: 그리스도께서 산 자와 죽은 자를 심판하러 오시는 것은 당신에게 어떤 위로가 됩니까?

답: 모든 슬픔과 박해 가운데서도 나는 고개를 들어, 전에 나를 위해 하나님의 심판에 자기 자신을 내어 주시고 나의 모든 저주를 제하여 주신 바로 그분이, 하늘로부터 심판주로 오실 것을 간절히 기다립니다.

저주는 사라지고, 참으로 우리는 바위처럼 견고한 확신을 누릴 수 있다.

"그날 그리스도의 임재가 나에게 너무 생생했다"

존 스토트의 비서인 프란체스(Frances)는 그 설교자의 순수한 진정성에 끌려 듣게 되고 집중하게 되었다. 지난 몇 달간, 성령께서 성경 말씀의 진리를 선명히 깨닫게 하셨다. 깊은 밤이 지나고 1953년이 밝아왔을 때, 이 젊은 여인은 살아 계신 그리스도를 만났다. 예배가 끝났을 때, 목사가 회개와 그리스도에 대한 믿음의 기도를 따라 아뢰기를 원하는 자들은 뒤에 남아 그리스도인의 삶에 대해 더 들으라고 했다.

프란체스는 60년 이상의 세월이 지난 뒤 그 밤을 그리며 말했다.

"그리스도의 임재가 너무 생생했다. 나는 그분과의 교제를 뚜렷하게 느끼며 내 방으로 돌아왔다."

줄리아 카메룬(Julia Cameron)
《존 스토트의 오른팔(*John Stott's Right Hand*)》에서

우리의 담대함은 모두 그리스도와
그분의 충분한 의로우심에 기초해 있다.
이 어린양의 피는 그 어떤 죄보다 더 크며,
신자들은 바로 그분으로 옷 입었다.
우리는 저 심판의 날을 두려워할 필요가 없다.

RIGHT with
GOD

PART 3

날마다 하나님 앞에서
칭의의 복을
누리며 살다

8

날마다
놀라우신 구주를
찬양하라!

"칭의 복음, 모든 성도의 삶의 시작"

우리가 사랑함은 그가 먼저 우리를 사랑하셨음이라

(요일 4:19).

우리는 하나님께서 우리를 먼저 사랑하신다는 사
실을 알지 못한다면 하나님을 사랑하지 못한다. 이
는 분명한 사실이다. 우리는 안전하게 하나님을 즐
거워할 수 있다는 사실을 알지 못한다면 그분을 사
랑하지 못한다. 건강한 그리스도인의 삶에는 반드시
오직 믿음으로 말미암은 칭의라는 기초석이 있다.
그 기초 없이 우리는 그리스도인의 삶을 받아들이거
나, 진정한 기쁨과 하나님 앞에서의 온전함을 소유
하지 못한다.

오직 하나님이 얼마나 자비로우신지 알고, 또 그
분이 나를 나의 행위가 아닌 그분의 친절하심을 따

라 대하신다는 사실을 알 때, 우리는 우리의 영혼을 그분 안에서 쉬게 할 수 있다. 곧 칭의는 우리로 하여금 복음 안에 있는 은혜의 여정을 시작하게 한다. 이 여정은 복음이 제공하는 용서로부터 용서를 베푸시는 복음의 창시자이신 분에게로 이어진다. 결국 칭의는 칭의 너머에 계신 하나님을 향하게 한다. 우리는 우리를 향한 하나님의 은혜로 말미암아 비로소 하나님께 감사하며, 그분의 큰 인자하심과 또한 하나님이 친히 드러내신 그분의 아름다운 선하심과 자비로우심으로 말미암아 하나님을 찬양하고 즐거워한다.

칭의를 이해하지 못한다면, 우리는 하나님을 엄하신 분으로 여기게 될 것이다. 하나님을 그저 행실이 온전한 사람들만 알아주시는 엄격한 분으로 여기게 된다. 설령 하나님이 진짜 그런 분이시더라도 하나님 자신에게는 흠이 되지 않는다. 다만 우리의 마음은 하나님께로 향하기 어려울 것이다. 그러나 이 칭의의 진리 안에서 우리는 실패한 자들을 먼저 사랑하시는 하나님을 본다. 마르틴 루터가 말했던 것처럼 말이다.

하나님의 사랑은 기뻐할 만한 대상을 찾는 사랑이 아니라, 그렇지 못한 자를 찾아 기뻐할 만한 자로 만드는 사랑이다. 하나님의 사랑은 죄인들과 악한 자들과 어리석은 자들과 약한 자들을 사랑하여, 그들을 의롭고 선하고 지혜롭고 강하게 한다. 하나님의 사랑은 자기 유익을 구하기보다 흘러가 유익을 끼친다. 그러므로 죄인들은 사랑을 받아 사랑스럽게 된다. 그들은 사랑스럽기 때문에 사랑을 받는 것이 아니다.

전에 마르틴 루터는 하나님을 야박한 분이라고 생각하며, 자신은 하나님이 싫다고 말했었다. 하지만 그는 마침내 넘치도록 친절하신 하나님이 계셔서, 우리는 그분 앞에서 그저 즐거운 경이로움에 잠기게 된다는 사실을 깨달았다.

오라, 죄인들과 궁핍하고 가난한 자여.

약하고 상처받고 상하고 아픈 자여.

예수께서 너를 구원하고자 여기 계신다.

그분께는 긍휼과 사랑과 능력이 가득하도다.

오라, 목마른 자여, 오라, 어서 오라.

하나님의 값없는 후하심에 영광을 돌리어라.

참된 믿음과 참된 회개로

너를 이끄는 모든 은혜로다.

양심에 짓눌려 있지 말고

스스로 합당하게 되리라는 허황된 꿈도 버려라.

주께서 구하시는 모든 합당함은

네게 주님이 얼마나 필요한지

알게 해 주려는 것이다.

오라, 지친 자들, 무거운 짐진 자여.

죄악으로 길 잃고 파산한 자여.

만일 지금보다 나아질 때까지 지체한다면,

결코 나아오지 못하리라.

나는 일어나 예수께로 나아가리라.

주는 나를 나의 죄에서 구원하시리라.

부요한 주의 공로로 인하여,

주 안에는 기쁨과 생명이 있네.

- 조셉 하트(Joseph Hart),

찬송가 〈Come ye Sinners, Poor and Needy

('예수님은 누구신가'의 원곡)〉에서

부록

- "171. Thomas Bilney." In John Foxe, *The Acts and Monuments of the Church*. Translated and edited by Josiah Pratt and John Stoughton. London: The Religious Tract Society, 1877.

- Philip C. Bliss. "'Man of Sorrows,' What a Name," 1875.

- John Bunyan, *The Pilgrim's Progress*. Auburn: Derby and Miller; Buffalo: Geo. H. Derby & Co., 1853. 존 번연, 《천로역정》(두란노 역간)

- John Bunyan, *Grace Abounding to the Chief of Sinners*. In *The Works of John Bunyan*. Volume 1, *Experimental, Doctrinal, and Practical*. Edited by George Offor. Edinburgh: Banner of Truth, 1991. 존 번연, 《죄인의 괴수에게 넘치는 은혜》(크리스챤다이제스트 역간)

- John Calvin, *Institutes of Christian Religion*. Edited by John T. MacNeill. Translated by Ford Lewis Battles. Philadelphia: Westminster Press, 1960. 장 칼뱅, 《기독교 강요》(크리스챤다이제스트 역간)

- Martin Luther, "Preface to the Complete Edition of Luther's Latin Writings." In *Luther's Works*. Volume 34, *Career of the Reformer IV*. Edited by Lewis William Spitz and Helmut T. Lehmann. Philadelphia: Fortress; St. Louis, MO: Concordia, 1960.

- Martin Luther, *The Freedom of the Christian; Heidelberg Disputation; Two Kinds of Righteousness.* In *Luther's Works.* Volume 31, *Career of the Reformer I.* Edited by Lewis William Spitz and Helmut T. Lehmann. Philadelphia: Fortress; St. Louis, MO: Concordia, 1960. 마르틴 루터, 《그리스도인의 자유》(KIATS 역간)

- Martin Luther, "Letter to Jerome Weller." In *Luther: Letters of Spiritual Counsel.* Translated and edited by Theodore G. Tappert. Philadelphia: westminster Press, 1955, 2006.

- Richard Sibbes, *The Complete Works of Richard Sibbes.* Volume 2. Edited by Alexander B. Grosart. Edinburgh: Nichol, 1862.

- William Tyndale, *A Pathway into the Holy Scripture.* In *The Works of the English Reformers: William Tyndale and John Frith.* Volume 2. Edited by Thomas Russell. London: Palmer, 1831.

- Charles Wesley, "And Can It Be, That I Should Gain?" 1738.

구약성경

신약성경